Inhalt

Die Attraktivität von Verbriefungen im Hinblick auf Basel II

Kernthesen

Beitrag

Fallbeispiele

Weiterführende Literatur

Impressum

Die Attraktivität von Verbriefungen im Hinblick auf Basel II

G.Dengl

Kernthesen

- Die Verbriefungen von Forderungen diente bisher vor allem dazu, auf der einen Seite das Risiko im Kreditportfolio zu diversifizieren (sprich: zu verringern), sowie auf der anderen Seite, der Zuführung von Liquidität.
- Durch Basel II kommt nun dazu, dass durch Verbriefungen (vor allem von Not leidenden Forderungen) nicht nur die beiden erstgenannten Ziele erreicht werden, sondern zudem das regulatorische Eigenkapital reduziert werden kann, was

einen positiven Effekt auf die Gesamtrendite hat.

- Auf diese Weise fördert Basel II die ohnehin schon steigenden Popularität von Verbriefungen und macht sie zu einem ernstzunehmenden Konkurrenten von in Deutschland bereits fest etablierten Produkten, wie beispielsweise dem Pfandbrief.

Beitrag

Was sind Verbriefungen?

Bei einer Verbriefung - auch als "Asset Backed Securities (ABS) im weiteren Sinne" bezeichnet - werden die Kreditrisiken eines definierten Pools an Forderungen vom ursprünglichen Forderungsinhaber isoliert, strukturiert und in mindestens zwei unterschiedlichen Risikopositionen (so genannte Tranchen) an einen oder mehrere Investoren weitergegeben. Neben einem Risikotransfer kann es bei dieser Struktur auch zu einem Zufluss an liquiden Mitteln in Höhe des Wertes des Forderungspools beim ursprünglichen Forderungsinhaber kommen.

Welche Forderungen lassen sich verbriefen?

Grundsätzlich sind alle Forderungen verbriefbar, aus wirtschaftlichen Überlegungen werden aber meist Forderungen mit stabilen und prognostizierbaren zukünftigen Zahlungsströmen verwendet. Nach der Art der zu Grunde liegenden Forderungen lassen sich Verbriefungen einteilen in:
- Mortgage Backed Securities (MBS): Forderungen aus privater und gewerblicher Baufinanzierung
- Collateralized Debt Obligations (CDO): Forderungen aus Krediten bzw. handelbaren Kreditprodukten
- ABS im engeren Sinn, z.B. Kreditkartenforderungen, Leasingforderungen, Forderungen aus Konsumentenkrediten, etc.

Vorteile von Verbriefungen

Banken setzen Verbriefungen im Wesentlichen aus folgenden Motiven ein:
1) Risikodiversifikation: Der Risikotransfer einer Verbriefung kann dazu genutzt werden, den Kreditbestand einer Bank unter Risiko-Rendite-Betrachtungen neu zu strukturieren und bewusst

Risiken abzugeben oder neue Risiken einzugehen. Dies kann beispielsweise sinnvoll sein, wenn eine Bank durch eine regionale Vertriebsstärke erhebliche Konzentrationsrisiken im Kreditbestand (so genannte Klumpenrisiken) ansammelt.

2) Liquiditätszugang: Bei finanzierten Strukturen gelingt es der verbriefenden Bank, indirekt neue Finanzmittel als Refinanzierung über den Kapitalmarkt aufzunehmen. Durch die Ausgliederung und isolierte Refinanzierung des Forderungspools können dabei gegebenenfalls günstigere Konditionen als bei der bilanziellen Refinanzierung erzielt werden. Dies ist insbesondere für Banken interessant, deren Rating eine Refinanzierung am Kapital- bzw. Interbankenmarkt nur zu ungünstigeren Konditionen zulässt.

3) Eigenmittelentlastung: Durch den Transfer der Kreditrisiken an Dritte kann es zu einer Reduktion der regulatorischen und der ökonomischen Eigenmittelbindung in der Bank kommen. Eine Verbriefung stellt damit eine Möglichkeit dar, Eigenmittel zu reduzieren bzw. Freiräume für die Nutzung neuer Geschäftsmöglichkeiten zu schaffen.

Während die Risikodiversifikation und der Liquiditätseffekt als ureigenste Motivation für Verbriefungen gelten, steigert gerade die Möglichkeit der Eigenmittelentlastung im Hinblick auf Basel II die besondere Attraktivität von Verbriefungen.

Arten des Risikotransfers

Bei der Form des Risikotransfers wird grundsätzlich zwischen synthetischen Verbriefungen und True-Sale-Strukturen unterschieden. Letztere werden durch Basel II auch als traditionelle Verbriefungen bezeichnet.
Bei synthetischen Verbriefungen verbleibt das Eigentum an den Forderungen beim Originator, und es werden nur die Kreditrisiken aus diesen Forderungen über Derivate an eine Zweckgesellschaft übertragen. Damit werden die Funktionen "Risikodiversifikation" sowie "Reduktion des regulatorischen Eigenkapitals" erfüllt; ein Liquiditätszugang jedoch wird nicht bewirkt.
Bei einem True Sale geht das Eigentum an den Forderungen inklusive des Kreditrisikos auf eine Zweckgesellschaft über und dem Originator fließt der entsprechende Betrag an Finanzmitteln zu. (4)

Bedeutung von Verbriefungen im Hinblick auf Basel II

Die Anforderungen an die Eigenmittelunterlegung

von Krediten, die vom Baseler Ausschuss für Bankenaufsicht im Juni 2004 in der finalen Fassung veröffentlicht wurden (Basel II), wurden bereits in einen EU-Richtlinienvorschlag überführt (Capital Adequacy Directive III; CAD III) und werden bis Ende 2005 endgültig beschlossen. Danach müssen sie in nationales Recht umgesetzt werden. Dabei ist in Deutschland die Verankerung dieser Vorschriften in der Solvabilitätsverordnung II vorgesehen (geplant bis Ende 2006). Neben vielen weiteren Themen, spielen Verbriefungen eine herausragende Rolle in diesem Regelwerk. Erstmals werden diese strukturierten Finanzierungsinstrumente explizit in einem übergreifenden Regelwerk aufgegriffen, definiert und ihre Behandlung im Rahmen der Eigenmittelunterlegung verbindlich vorgeschrieben. Der positive Effekt: durch die verhältnismäßig günstige Behandlung von verbrieften Forderungen, wird es für viele Banken zunehmend attraktiver, in diesen Markt einzusteigen. Die Vorteile, die schon immer mit Verbriefungen einhergingen werden durch Basel II besonders herausgestellt und gewürdigt. Durch ihre breite Beachtung im Regelwerk steigt auch die Popularität dieser Produkte in der Öffentlichkeit. Sie ziehen immer mehr Aufmerksamkeit von Seiten der Banken wie auch des Kapitalmarktes auf sich.
Zusammenfassend kann festgehalten werden, dass sich Banken durch Verbriefungen günstig

refinanzieren können, dass sie einen Liquiditätszufluss erreichen, und gleichzeitig das regulatorische Eigenkapital reduzieren können. (2)

Fallbeispiele

Dresdner Bank verbrieft Not leidende Kredite

Auch die Dresdner Bank hat in ihrem Kreditbuch eine nicht unbeachtliche Menge zahlungsgestörter Kredite. Über das Institutional Restructuring Unit (IRU) hat sie diese nun über eine öffentlich breit diskutierte Verbriefung (Volumen 350 Mio. Euro) an den Markt gebracht, und sich damit als einer der Vorreiter auf diesem Gebiet etabliert. (6)

Eurohypo stark im Verbriefungsgeschäft

Für die Eurohypo, die aus einem Zusammenschluss

der Hypothekenbanktöchter der drei deutschen Großbanken Deutsche, Dresdner und Commerzbank hervorging, gewinnt die Verbriefung, vor allem aufgrund der damit verbundenen Reduzierung des regulatorischen Eigenkapitals, stetig an Bedeutung. Strukturiert und platziert werden die Papiere über die konzereigene Plattform Opera in London. (5)

Sparkassen: Reduzierung von Klumpenrisiken

Die Reduzierung von Klumpenrisiken ist eine Herausforderung, der sich vor allem Sparkassen gegenüber gestellt sehen. Ihr größter Vorteil, die regionale Präsenz und Verbundenheit, wird dann zum Nachteil, wenn es darum geht, Kredite (vor allem Großkredite) zu diversifizieren. Oft konzentriert sich ein wesentlicher Teil des Kreditbuches auf nur wenige Kreditnehmer. Deren Ausfall kann letztlich die Aufrechterhaltung des Bankbetriebes gefährden. Zur Reduktion solcher Klumpenrisiken werden im gesamten Sparkassensektor Verbriefungen als konsequentestes Mittel genutzt. Die Verbriefung ist anderen Formen der Risikodiversifikation, wie beispielsweise dem vieldiskutierten Kreditpooling, deshalb überlegen, weil die Bank sich nicht mit anderen Banken arrangieren (d.h. verhandeln) muss.

Allein der Kapitalmarkt entscheidet. (1)

Weiterführende Literatur

(1) Strategische Unternehmensanalyse, Portfoliomanagement und Kreditpooling für Sparkassen Ertragsverbesserung und Ergebnisglättung
aus Die SparkassenZeitung, 28.01.2005, Nr. 04, S. 8

(2) Basel II, CAD III und die Solvabilitätsverordnung II - nur Übergangsstandards
aus Zeitschrift für das gesamte Kreditwesen 22 vom 15.11.2004 Seite 1244

(3) Perspektiven des Ratingmarktes
aus Zeitschrift für das gesamte Kreditwesen 04 vom 15.02.2005 Seite 185

(4) Glüder, D. / Bechtold, H., ABS made in Germany, Die Bank, Heft 12/2004, S. 18-21
aus Zeitschrift für das gesamte Kreditwesen 04 vom 15.02.2005 Seite 185

(5) Expo Real: baldige Besserung der Immobilienkonjunktur nicht in Sicht
aus Immobilien & Finanzierung - Der Langfristige Kredit 20 vom 21.10.2004 Seite 694

(6) Rating von Verbriefungen zahlungsgestörter Kredite

aus RATING aktuell, Heft 06/2004, S. 30-33

Impressum

Die Attraktivität von Verbriefungen im Hinblick auf Basel II

Bibliografische Information der deutschen Nationalbibliothek

Die Deutsche Nationalbibliothek verzeichnet diese Publikation in der deutschen Nationalbibliografie; detaillierte bibliografische Daten sind im Internet über http://dnb.d-nb.de abrufbar.

ISBN: 978-3-7379-0437-7

© 2015 GBI-Genios Deutsche Wirtschaftsdatenbank GmbH, Freischützstraße 96, 81927 München, www.genios.de

Alle Rechte vorbehalten. Dieses Werk ist einschließlich aller seiner Teile – z.B. Texte, Tabellen und Grafiken - urheberrechtlich geschützt. Jede Verwertung außerhalb der Grenzen des Urheberrechtsgesetzes bedarf der vorherigen Zustimmung des Verlags. Dies gilt insbesondere auch für auszugsweise Nachdrucke, fotomechanische

Vervielfältigungen (Fotokopie/Mikroskopie), Übersetzungen, Auswertungen durch Datenbanken oder ähnliche Einrichtungen und die Einspeicherung und Verarbeitung in elektronischen Systemen.